울렁울렁 맞춤법

🐦 **글 이송현**

으랏차차, 이송현 선생님은 매일매일이 즐겁대요. 항상 새로운 일들이 벌어지기 때문에 아침이 되면 '오늘은 어떤 일이 생길까? 오늘은 누구를 만나게 될까?' 기다려진대요. 작가가 된 지금은 하루하루 차곡차곡 모아 놓은 재미난 일들, 새로운 일들을 여러 친구들과 나누고 싶어서 글을 쓴대요.
선생님은 제5회 마해송문학상, 제9회 사계절문학상 대상, 2010년 조선일보 신춘문예 동시 부문을 수상했어요. 그동안 쓴 책으로는 『왕쎄미의 황금 리본 초대장』 『지구 최강 꽃미남이 되고 싶어』 『열두 살 백용기의 게임 회사 정복기』 『슈퍼 아이돌 오두리』 『아빠가 나타났다!』 『내 청춘, 시속 370km』 『호주머니 속 알사탕』 『천둥 치던 날(공저)』 등이 있어요.

 그림 서정해

대학에서 산업 디자인을 전공하고, 한동안 디자인 회사에 다녔어요. 그러다가 사람들이 행복해하는 그림을 그리고 싶다는 꿈을 꾸게 되었고, 지금은 어린이책에 그림을 그리며 그 꿈을 조금씩 이루어 가고 있답니다. 그린 책으로는 『혼이 나도 괜찮아』 『재주 많은 뼈』 『코뿔소가 되었어』 『빨간 것은 앵두』 『내가 먹은 음식은 어디로 갈까요?』 『세종을 만나다』 『모여라! 색깔 친구들』 『곱빼기로 땡큐땡큐』 『많다 적다』 등이 있어요.

울렁울렁 맞춤법

이송현 글 | 서정해 그림

살림어린이

믿을 수가 없어요! 내가 빵점이라니!
분명히 내 연필이 잘못된 거예요.
나한테 마법연필이 있었으면 좋겠어요.
내가 쓰기만 하면 다 정답이 되는 마법연필요.
집에 가면 엄마는 내 빵점 시험지를 보고 마녀로 변신할지도 몰라요.
나를 한 손으로 번쩍 들어서 우주 밖으로 던져 버릴걸요?
엄마는 맞춤법이 세상에서 제일 중요하대요.
글자를 똑바로 쓰지 않으면 세상에 있는 모든 이야기가 엉망진창이 될 거랬어요.

특별세일!

어린이가 원하는, 세상에 하나뿐인 특별한 **마법문구용품**을 팝니다.

〈하나 무방구〉 주인백

이게 뭐지? 하나 무방구?
앗, 알았다! 하나 문방구!
문방구 간판이 이상했어요.

"아이쿠야~ 으웩웩~. 아저씨, 토할 것 같아요!"
"마법 학용품을 갖고 싶으면 방귀 한 방이 필요하지."
방독면을 쓴 하나 문방구 아저씨가 외쳤어요.

아이들이 엉덩이에 힘을 주고 있었어요.
뿌우우웅~ 뱃고동 같은 소리랑
피시식~ 슬쩍 웃는 것 같은 소리랑
뿡! 병뚜껑 따는 것 같은 소리가 여기저기서 들렸어요.

"받아쓰기에서 백점 받을 수 있는 똑똑한 연필이 있었으면 좋겠어!"
나는 코를 막고 소리쳤어요.
뿌로롱 뿌와와왕!

"여기 있다!"
방독면을 쓴 아저씨가 손을 번쩍 들었어요.
마법연필은 보통 연필이랑 생김새가 똑같았어요.
머리 꼭대기에 작고 귀여운 빨간 지우개가 달린 것만 빼고요.

하지만 마법연필은 엉터리인가 봐요.

알쏭달쏭 헷갈리는 맞춤법이 저절로 생각나지는 않았어요.

흥! 오늘은 동화책 속 백설공주도 못생겨 보여요.

나는 마법연필로 아무렇게나 글자를 썼어요.

백살공주

"어라? 틀렸네, 틀렸어!"
틀린 글자를 쓰니까 마법연필이 말했어요.
머리에 붙어 있는 지우개에서 빨간 불이 들어왔어요.

"흥, 틀리면 어때서?"
마법연필은 글자가 틀렸다고 알려 주었어요.
하지만 바르게 고치는 건 내 차지였어요.

"내나 이를 돌려 줘!"

공주 옷을 차려입은 할머니가 불쑥 튀어나왔어요.
할머니는 이가 하나도 없었어요.
"난 할머니 이를 갖고 있지 않아요."
"그게 아니라 네가 엉터리 글자를 써서 내가 백살공주가 되어 버렸잖아.

그러니까 "

아하, 그렇구나. 공주 할머니한테 미안했어요.
"내가 어떻게 하면 되나요?"
"동화나라의 엉터리 맞춤법을 바로 고치면 되지."
헉! 나는 눈앞이 깜깜해졌어요.

'몇 문제나 맞혀야 원래대로 돌아올까?'

고민하며 산마루로 접어들 때였어요.

덩치 큰 사냥꾼이 울고 있었어요.

"아저씨, 왜 울고 있어요?"

"퀴즈를 풀어야 화살을 찾을 수 있는데 나는 도저히 모르겠어."

화살로 과녁을 정확히 맞혔다 / 맞췄다.

알쏭달쏭했어요. 머리가 폭발할 것 같았어요.

"오른쪽인가?"

"틀렸네, 틀렸어!"

마법연필 머리에 빨간 불이 번쩍 들어왔어요.

"그렇다면 정답은 **'맞혔다'** 예요!"

로빈후드 아저씨의 화살통에 화살이 가득가득 찼어요.

산을 넘어 마을로 들어서는데 고양이가 울고 있었어요.
"고양이야, 왜 우니?"
"왈왈."
엥? 고양이가 개처럼 왈왈거렸어요.
"장화 신은 고양이가 마녀의 마법에 걸린 거야. 네가 풀어 줘야 해."
백살공주가 말했어요. 그러자 맞춤법 문제가 나타났어요.

고양이는 개처럼 짓지 않아/짖지 않아.

받아쓰기 할 때 틀렸던 문제가 떠올랐어요.
"정답이 '집을 짓다'였으니까 **'고양이는 짖지 않아'** 겠지?"
"야옹야옹!"
고양이가 고양이답게 울었어요.
"**고마와**, 세나야."
"**'고마워'** 라고 하는 거야."
나는 장화 신은 고양이에게 바른말을 알려 줬어요.
"그런데 고양이야, 너의 멋진 장화는 어디로 갔니?"
"마녀가 훔쳐 갔어."
나는 고양이에게 빨간 장화를 꼭 찾아 주겠다고 약속했어요.

쿵, 쿵, 쿵, 철퍼덕!
서커스 천막 뒤에서 아기 코끼리 덤보가 하늘로 날아오르는 연습을 하고 있었어요.
그런데 아기 코끼리 덤보의 귀는 정말로 우스꽝스러웠어요.
한쪽은 아주 커다래서 바닥에 끌리고 한쪽은 코딱지만큼 작았거든요.
"마녀가 귀를 이렇게 짝짝이로 만들었어."
"내가 도와줄게. 퀴즈 문제 주세요!"

하늘을 나르는/나는 코끼리

"개미와 베짱이 이야기를 기억해 봐!"
마법연필이 외쳤어요.
베짱이가 노래하며 놀 때, 개미는 부지런히 짐을 나르지요.
"아하, 짐은 나르고 하늘은 나는 거구나. 정답은 '나는'이에요!"
아기 코끼리 덤보의 작은 귀가 커다랗게 쑥쑥 자라났어요.
덤보는 큰 귀로 알록달록 서커스 천막 위를 신나게 날았어요.

"저 아이는 대체 누군데, 동화나라를 엉망으로 만들려는 내 계획을 방해하는 거지?"
마녀가 모든 것을 비추는 거울로 세나 일행을 노려보았어요.
"안 되겠다. 당장 저 아이를 잡아 와!"
마녀가 병사들에게 소리쳤어요.
"마녀님, 저런 애를 잡아 올 필요가 있을까요? 바로 잡아먹으면 **돼지**."
마녀에게 잡혀 와 있던 아기 돼지 삼 형제 중 막내가 말했어요.
화가 머리끝까지 난 마녀는 아기 돼지 삼 형제의 막내를 소시지로 둔갑시켰어요.
"뭐든지 잡아먹으면 다 돼지냐? 잡아먹으면 '**되지**'도 몰라?"

"늑대가 나타났다!"
양치기 소년이 언덕을 내려오며 소리쳤어요.
나는 백살공주, 마법연필하고 같이 부리나케 도망쳤어요.
"우헤헤헤! 거짓말이지롱. 역시 장난을 치니까 병이 낳는 것 같아."
말을 마친 양치기 소년이 갑자기 양으로 변신해 버렸어요.
"음매~."
"맞춤법을 틀리게 써서 변한 거야. 어서 틀린 말을 찾아야 해."
백살공주가 양으로 변한 양치기 소년을 보고 말했어요.

암탉이 병아리들을 데리고 풀밭으로 산책 가는 모습이 보였어요.
"아하! 달걀은 낳는 거고 병은 **'낫는'** 거예요."
거짓말쟁이 양이 양치기 소년으로 돌아왔어요.
"다시는 사람들에게 거짓말을 하지 말도록 해."
나는 양치기 소년에게 힘주어 말했어요.

"와아, 맞춤법 대장이 왔다!"
마을에 들어서자 사람들이 박수를 쳤어요. 나는 우쭐해졌어요.
"많이 걸어서 다리가 아파. 지팡이야, 좀 더 힘 있게 나를 부축해 봐."
백살공주가 마법연필에게 말했어요.
"난 지팡이가 아니야. 나도 맞춤법 대장이라고!"
"하지만 틀린 글자는 세나 혼자 다 맞혔잖아."
백살공주가 마법연필을 약 올렸어요.
"내가 빨간 불을 켜 주지 않으면 뭐가 틀렸는지 알 수도 없었는걸."
머리 위 작은 지우개가 다 닳을 때까지 불을 켜 줬는데 이런 대접이라니
마법연필은 너무 속이 상했어요.

심통이 난 마법연필은 백살공주와 내게 한 마디도 하지 않았어요.
"예쁘고 신기한 꽃이 많아! 꽃을 **꺽어서** 꽃 허리띠를 만들어 줄게."
백살공주가 마법연필에게 말했어요.
"백살공주, 꺽어서가 아니라 **'꺾어서'** 아닌가요?"
나는 이상한 기분이 들었어요.
하지만 백살공주는 자신있게 말했어요.
"우리가 틀렸으면 마법연필이 빨간 불을 켰을 거야. 그런데 봐, 불빛이 없잖아."
"정말 그렇네."
나는 고개를 끄덕였어요.

그때였어요.
으하하하하하!
요란한 웃음소리가 나더니 회오리바람이 꽃들을 모두 망쳐 버렸어요.
"찾았다! 요 녀석들!"
우리는 그만 마녀와 병사들에게 발각되고 말았어요.
단단히 토라진 마법연필이 나랑 백살공주가 맞춤법을 틀려도
빨간 불을 켜 주지 않았던 거예요.

우리는 뒤돌아 뛰기 시작했어요.
"으아, 숨이 차서 못 뛰겠어! 난 백 살이라고!"
나는 얼른 백살공주를 업었어요.
"세나와 백살공주를 좇아라!"
"세나야! 틀린 글자가 있어, 어서 찾아!"
이번에는 마법연필이 머리 위 빨간 불을 켜 주었어요.
"앗, 그렇다면 좇아라가 아니라 '쫓아라'예요!"
그러자 숲 속의 나뭇잎과 풀잎들이 팔을 뻗어
나하고 친구들의 몸을 감싸 주었어요.

"모두 숲을 **샅사치** 뒤져라! 세나와 백살공주를 찾아!"

마녀의 병사들은 잘못된 말만 사용했어요.

'아하, 틀린 맞춤법 때문에 병사들한테 들켰구나.

내가 맞춤법을 바르게 고쳐 쓰면 어떻게 될까?'

간신히 숲속 동굴로 몸을 숨긴 우리는 틀린 말을 찾아냈어요.

"자아! 모두 숲을 **'샅샅이'** 뒤져라!"

틀린 맞춤법을 바로 고치자 마녀의 병사들이 감쪽같이 사라졌어요.

'계속 도망만 다닐 수는 없어.'
마법연필은 점점 뭉툭해지고 나도 집에 가고 싶었어요.

"내가 마녀와 대결을 하겠어!
동화나라를 예전처럼 만든 다음 집으로 돌아가겠어!"

나는 일부러 틀린 맞춤법을 마구마구 외쳤어요.
마녀를 불러내기 위해서였지요.
받아쓰기 시험에서 틀렸던 문제들을 큰 소리로 외쳤어요.

배가 아주 마니 고파요!
친구들과 술레잡기를 해요!
아버지 가죽을 드세요!

"으하하하하! 찾았다, 요 **꼬멩이**!"
드디어 마녀가 나타났어요.
틀린 맞춤법 글자들이 마녀의 망토에 더덕더덕 달라붙어 있었어요.
"우헤헤헤! 틀렸어, 마녀 할머니!"
마법연필이 내 손을 잡고 빨간 불빛을 마구마구 뿜어 댔어요.
"뭐야?"
화가 난 마녀가 소리쳤어요.
"난 꼬멩이가 아니라 '**꼬맹이**'야."
나는 자신있게 말했어요.

마녀와 나는 일대일 대결을 펼치기로 했어요.
"오늘이 몇 월 **몇일**이냐?"
마녀가 나에게 물었어요.

머리 위 지우개가 거의 닳아 버린 마법연필이 희미하고 작은 불을 켜 주었어요.
"속지 않아. 몇 월 '며칠'이냐고 물어야지."
"흥, 이건 문제가 아니었어. 이제 너도 집에 가고 싶지 않니?"

마녀의 질문에 계속 대답만 할 수는 없었어요.
나는 얼른 한 가지 꾀를 냈어요.
"내 문제의 정답을 맞히면 널 방해하지 않을게."
마녀에게 낸 문제는 아주 쉬워서 친구들도 잘 아는 문제였어요.
바로 이 문제였지요.

마녀가방에들어갔습니다

곰곰이 문제를 노려보던 마녀가 자신 있다는 듯 큰 소리로 외쳤어요.
"마녀 가방에 들어갔습니다!"

역시나 마녀는 올바른 띄어쓰기를 하지 못했어요.

'마녀가 방에 들어갔습니다!' 라고 해야 하는데 말이에요.

휘리리릭!

동화나라에서는 무엇이든 말하는 대로 글자가 움직이고 바뀌지요.

마녀는 커다란 가방에 들어가 버렸어요.

"자, 어서 여기로 던져요. 마녀가 다시는 동화나라에 나오지 못하게."

빨간 망토가 서둘렀어요.

빨간 망토는 늑대를 우물에 던지는 방법을 알고 있었거든요.

"와아! 이가 몽땅 다시 돌아왔어!"
다행이에요. 백살공주가 다시 백설공주로 돌아왔어요.
마녀 때문에 소시지로 변해 있던 아기 돼지 삼 형제도,
빨간 장화를 빼앗겼던 장화 신은 고양이도,
수영을 할 수 없어서 고무 튜브를 끼고 있던 인어공주도,
모두 모두 원래 이야기대로 돌아왔어요.

백설공주는 반짝반짝 가지런한 이를 보이며 환하게 웃었어요.
"고마워, 세나야. 덕분에 동화나라 이야기들이 엉터리가 되지 않았어."
나는 백살공주 아니, 백설공주한테 약속했어요.
"이제 맞춤법이랑 띄어쓰기 함부로 쓰지 않을게요.
이야기가 엉터리로 변하면 안 되니까요!"

맞춤법 대장이 되는 법

❶ 책을 많이 읽어요
책을 많이 읽으면 자연스럽게 한글과 친해져요. 매일 보는 친구는 조금만 달라져도 금방 달라진 걸 알 수 있지요? 한글과 친구가 되면 글씨를 잘못 썼을 때 '어라, 이상하다?' 하고 금방 알 수 있어요. 책을 많이 읽으면 바른 맞춤법이 나도 모르게 머릿속에 친근하게 자리 잡는 것이지요.

❷ 좋아하는 책을 따라 써요
좋아하는 책을 골라 책 속 이야기를 고대로 따라 써 보세요. 직접 써 보면 눈으로만 읽을 때보다 더 집중을 하게 돼요. 그러면 이야기가 한결 생생하게 느껴지는 것은 물론이고, 올바른 띄어쓰기와 문장 부호의 사용법도 알 수 있게 된답니다.

❸ 어려운 낱말은 공책에 정리해 둬요
누구나 어렵게 느껴지는 맞춤법이 있어요. 헷갈리는 낱말은 따로 공책에 적어 두세요. 그런 다음 하루에 한 번씩 공책에 적힌 낱말을 보고 바른 맞춤법을 익혀 두는 거예요. 일주일이 지나고, 한 달이 지나면 점점 헷갈리는 낱말이 줄어들고 맞춤법 자신감이 쑥쑥 자라날 거예요.

세나와 마법연필이 알려 준 맞춤법 총정리

❶ 아래의 문장에서 틀린 곳을 찾아 밑줄을 긋고 바르게 고쳐 보세요.

마녀와 병사들은 숲을 샷샷치 뒤졌어요. ➡ ------------------------------

마법연필은 속이 마니 상했어요. ➡ ------------------------------

세나야, 도와줘서 고마와. ➡ ------------------------------

❷ 동화나라에서 배운 알맞은 낱말에 ○표를 해 보세요.

화살로 과녁을 정확히 [맞췄어요.] [맞혔어요.]
고양이는 개처럼 [짓지] [짖지] 않아요.
하늘을 [나르는] [나는] 코끼리
세나를 잡아먹으면 [돼지요.] [되지요.]
양치기 소년의 병이 [나았어요.] [낳았어요.]
백살공주가 꽃을 [꺾어요.] [꺽어요.]
세나와 백살공주를 [좇아라.] [쫒아라.]

❸ 이야기 속에 나온 틀린 글자를 바르게 고쳐 보세요.

무방구

방구

꼬멩이

술레잡기

❹ 동화나라가 원래대로 돌아올 수 있도록 잘못된 띄어쓰기를 바르게 고쳐 보세요.

내	나		이	를		돌	려		줘	!			

마	녀	가	방	에	들	어	갔	습	니	다	.

문제 정답
❶ 삿사치 ⇨ 샅샅이 / 마니 ⇨ 많이 / 고마와 ⇨ 고마워 ❷ 맞혔어요. / 찢지 / 나는 / 되지요. / 나았어요. / 꺾어요. / 쫓아라.
❸ 문방구 / 방귀 / 꼬맹이 / 술래잡기 ❹ 내 나이를 돌려 줘! / 마녀가 방에 들어갔습니다.

초등학교 1학년이 꼭 알아야 할 맞춤법 총정리

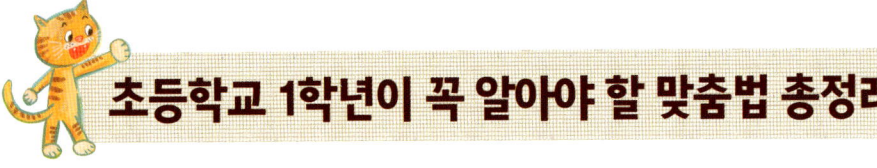

❶ 아래의 문장에서 틀린 곳을 찾아 밑줄을 긋고 바르게 고쳐 보세요.

나는 생년필로 그림을 그렸어요. ➡ ------

띠어쓰기는 어려워요. ➡ ------

하라버지한테 세배를 했어요. ➡ ------

❷ 알맞은 낱말에 O표를 해 보세요.

내 짝은 색종이를 풀로 [붙였어요.] [부쳤어요.]
엄마하고 같이 [같던] [갔던] 가게예요.
어제 우산을 [잃어버렸어요.] [잊어버렸어요.]
친구가 맞춤법을 친절하게 [가르쳐] [가리켜] 주었어요.
내 동생은 키가 [적어요.] [작아요.]
[반듯이] [반드시] 받아쓰기 백점을 받을 거예요.
아빠가 손가락으로 지나가는 새를 [가르쳤어요.] [가리켰어요.]

③ 틀린 글자를 바르게 고쳐 보세요.

 시계

 복숭아

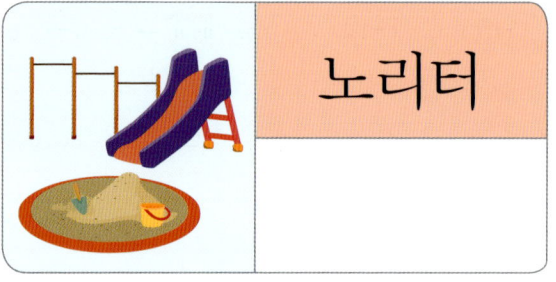 노리터

 소푼

④ 잘못된 띄어쓰기를 바르게 고쳐 보세요.

아	빠		가	죽	을		드	신	다	.			

아	기	다	리		고	기	다	리	던		방	학	

문제 정답
❶ 샌년필⇨색연필 / 띠어쓰기⇨띄어쓰기 / 하라버지⇨할아버지 ❷ 붙였어요. / 갔던 / 잃어버렸어요. / 가르쳐 / 작아요. / 반드시 / 가리켰어요.
❸ 시계 / 복숭아 / 놀이터 / 소풍 ❹ 아빠가 죽을 드신다. / 아 기다리고 기다리던 방학

 ## 아이를 처음으로 학교에 보내는 부모님께

초등학교 1학년에 입학한 아이가 가장 어려워하는 과목은 국어라고 하지요. 이제 막 한글을 익힌 아이들에게 교과서를 읽고 맞춤법에 따라 글을 쓰는 일은 어렵게만 느껴집니다. 게다가 때때로 받아쓰기 시험을 보고 점수를 매기니 언짢은 기분이 들기도 하고요.

『울렁울렁 맞춤법』은 처음 맞춤법을 배우며 울렁울렁 가슴 두근거리는 아이들에게 그림책의 형식을 빌려 유쾌하게 맞춤법의 필요성을 알려 주는 책입니다. 공부하는 이유를 정확히 알고 공부하는 아이와 막연하게 낱말을 외우고 따라 쓰는 아이는 다른 결과를 얻을 수밖에 없습니다. 집중하는 힘에 차이가 나니까요.

인생에서 기초를 다질 수 있는 시간은 생각처럼 많지 않습니다. 아이들에게 재미있는 이야기로 맞춤법의 중요성을 정확하게 알려 주세요. 앞으로 걸어가야 할 오랜 배움의 길에 단단한 밑바탕이 되어 줄 거예요.

처음 시작하는 학교 공부 01
울렁울렁 맞춤법

펴낸날	초판 1쇄 2015년 3월 20일
	초판 5쇄 2023년 5월 22일

지은이	이송현
그린이	서정해
펴낸이	심만수
펴낸곳	(주)살림출판사
출판등록	1989년 11월 1일 제9-210호

주소	경기도 파주시 광인사길 30
전화	031-955-1350 팩스 031-624-1356
홈페이지	http://www.sallimbooks.com
이메일	book@sallimbooks.com

ISBN	978-89-522-3097-3 74800

살림어린이는 (주)살림출판사의 어린이 브랜드입니다.

※ 값은 뒤표지에 있습니다.
※ 잘못 만들어진 책은 구입하신 서점에서 바꾸어 드립니다.

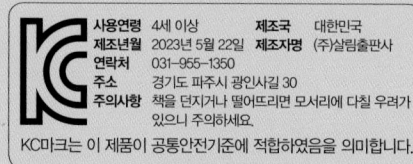